cocina para
diabéticos

Publicado por:
TRIDENT REFERENCE PUBLISHING
801 12th Avenue South, Suite 400
Naples, Fl 34102 USA

Tel: + 1 (239) 649-7077
www.tridentreference.com
email: sales@tridentreference.com

cocina para
diabéticos

Cocina para diabéticos
© TRIDENT REFERENCE PUBLISHING

Publisher
Simon St. John Bailey

Directora de edición
Susan Knightley

Preimpresión
Precision Prep & Press

Incluye índice
ISBN 158279720X
UPC 6 15269 79720 4
EAN 9781582797205

Impreso en The United States

introducción

Ofrecer a los diabéticos un menú sano
y apetitoso a la vez resulta sencillo con la guía
de este libro. La dieta constituye, junto
con el ejercicio físico, uno de los pilares
del tratamiento de la diabetes; nuestro equipo
de profesionales pone a su alcance propuestas
e información que ayudan a cumplirla
sin inconvenientes.

cocina para diabéticos
introducción

La diabetes afecta la capacidad del páncreas para sintetizar la hormona insulina. Como consecuencia, se eleva la glucemia o nivel de azúcar en la sangre y se altera el metabolismo de los hidratos de carbono y de las grasas. A fin de prevenir complicaciones es fundamental adoptar un plan de alimentación con las calorías adecuadas, carbohidratos de buena calidad, grasas saludables y abundancia de minerales y vitaminas.

- Disminuir las grasas saturadas y aumentar las poliinsaturadas es un objetivo primordial. Entre los ácidos grasos poliinsaturados se destaca el omega-3, presente en pescados y nueces.
- La cantidad de proteínas no debe ser excesiva. Se aconseja consumir carnes con moderación y acompañarlas con vegetales verdes, para lograr un buen equilibrio.
- Como en todo tipo de alimentación, la inclusión de fibra resulta beneficiosa.

- Dado que mantener un peso armónico es de vital importancia para los diabéticos, en cada receta se especifica la cantidad aproximada de calorías por porción.
- Conocer el contenido de sodio sirve para seguir las indicaciones del médico en tal sentido.

Entre los alimentos útiles para los diabéticos elegimos los que aseguran la presencia de nutrientes que contribuyen a normalizar el funcionamiento del páncreas, la acción de la insulina y el metabolismo de la glucosa.

- Los cereales y harinas integrales aportan cromo y vitamina B3, que con la refinación se pierden en su mayor parte.
- Los hongos, las nueces, la avena y los mariscos contienen zinc.
- Las frutas secas y desecadas suministran magnesio.
- Las semillas de calabaza, el jengibre, la soja, el arroz, los frijoles y los guisantes son ricos en manganeso.
- Los cereales integrales, las legumbres y las verduras verdes proveen vitamina B6.

Como la alimentación es, además de una manera de mantener sano nuestro cuerpo, una fuente de placer, seleccionamos recetas que sin duda agradarán a toda la familia. ¡A disfrutarlas!

Dificultad

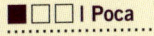

■□□ I Poca

■■□ I Media

■■■ I Bastante

coliflor
a la parmesana

a

■□□ | Tiempo de cocción: 15 minutos - Tiempo de preparación: 10 minutos

preparación

1. Cocinar la coliflor al vapor o por hervido hasta que esté apenas tierna. Escurrir bien (a). Disponer en un trasto para horno poco profundo, ligeramente aceitado.
2. Calentar el aceite en una cacerolita a fuego mediano. Incorporar el pan molido y el ajo (si se prefiere) y cocinar, revolviendo, 4-5 minutos o hasta que se dore. Retirar del fuego. Agregar el queso parmesano (b) y pimienta negra a gusto y mezclar bien para unir. Descartar el ajo.
3. Esparcir la mezcla sobre la coliflor (c). Gratinar en el grill del horno precalentado, 3-5 minutos o hasta que la cubierta se dore. Espolvorear con el perejil y servir.

ingredientes

> 1 coliflor pequeña, en ramilletes
> 2 cucharadas de aceite de oliva extra virgen
> 3/4 taza de pan seco molido (pan de trigo integral o de avena)
> 1 diente de ajo entero (opcional)
> 60 g/2 oz de queso parmesano, rallado
> pimienta negra recién molida
> 2 cucharadas de perejil picado

6 porciones

Contenido por porción

Calorías: 126
Carbohidratos: 12
Grasas totales: 6,3 g - Grasas saturadas: 2 g
Sodio: 164 mg
Fibra: 2 g

datos útiles

La coliflor, el brócoli y las coles son altamente beneficiosos para la salud del intestino; es recomendable consumir alguno de estos vegetales por lo menos una vez por semana. Para variar, prepare este platillo fácil empleando brócoli en lugar de coliflor, o una mezcla de ambos.

b

c

hongos
rellenos

■□□ | Tiempo de cocción: 15 minutos - Tiempo de preparación: 15 minutos

ingredientes

> **10 hongos grandes, sin los tallos**
> **1 cucharada de queso parmesano rallado**
> **1 cucharada de pan seco molido (pan de trigo integral o de avena)**

relleno de requesón y hierbas

> **¹/₂ taza de requesón reducido en grasas**
> **3 tomates secos, hidratados en agua tibia y picados**
> **1 cucharada de cebolla colorada en daditos**
> **1 cucharada de albahaca fresca picada**
> **1 cucharada de cebollín fresco tijereteado**
> **1 cucharadita de jugo de limón**
> **pimienta negra recién molida**

preparación

1. Precalentar el horno a 180°C/360°F/Gas 4. Forrar una bandeja para horno con papel antiadherente y reservar.
2. Para hacer el relleno, colocar todos los ingredientes en un bol (a). Mezclar bien para unir.
3. Rellenar los hongos con ayuda de una cuchara (b). Apoyarlos sobre la bandeja preparada. Mezclar el queso rallado con el pan molido y esparcir sobre los hongos (c). Hornear 10-15 minutos, hasta que el relleno esté firme y la cubierta se dore.

....
10 unidades

Contenido por unidad
Calorías: 32
Carbohidratos: 3 g
Grasas totales: 1 g - Grasas saturadas: 0,6 g
Sodio: 48 mg
Fibra: 0,3 g

datos útiles

Para disminuir la cantidad de calorías y sodio puede reemplazarse el parmesano por otro queso más suave, como la mozzarella baja en sodio o similar.

a

b

c

vegetales
asados

■□□ | Tiempo de cocción: 10 minutos - Tiempo de preparación: 10 minutos

preparación

1. Precalentar la barbacoa a temperatura media. Colocar en un tazón el aceite y el ajo y mezclar con batidor. Pincelar las rebanadas de hortalizas con esa mezcla.

2. Cocinar la berenjena, las calabacitas y los pimientos en la barbacoa ligeramente aceitada 4-5 minutos, hasta que estén casi cocidos. Dar vuelta con frecuencia durante la cocción. Agregar las rebanadas de tomate y cocinar todo 2-3 minutos más. Sazonar con pimienta y servir.

....

6 porciones

ingredientes

> $1/2$ **taza de aceite de oliva extra virgen**
> **1 diente de ajo, machacado**
> **1 berenjena grande, rebanada gruesa a lo largo**
> **3 calabacitas grandes, rebanadas gruesas a lo largo**
> **2 pimientos verdes, sin semillas, en cuartos**
> **3 tomates grandes firmes, rebanados gruesos**
> **pimienta negra recién molida**

Contenido por porción
Calorías: 220
Carbohidratos: 7 g
Grasas totales: 21 g - Grasas saturadas: 2,5 g
Sodio: 2 mg
Fibra: 1,4 g

datos útiles

El ajo es un excelente alimento para disminuir el colesterol y normalizar la presión arterial.

coleslaw
oriental

■□□ | Tiempo de cocción: 5 minutos - Tiempo de preparación: 15 minutos

ingredientes

> **1 daikon (rábano blanco japonés)**
> **1 zanahoria grande**
> **1/2 col china, en fina juliana**
> **1/4 col morada, en fina juliana**
> **2 cebollas de rabo, en tiritas**
> **18 comelotodos, en tiritas a lo largo**
> **1 taza de espinaca en fina juliana**
> **1/4 taza de pasas de uva**
> **1/2 taza de almendras fileteadas**

aliño oriental

> **2 cucharadas de semillas de ajonjolí**
> **3 cucharaditas de jengibre fresco o en conserva, rallado**
> **3 cucharadas de mirin**
> **2 cucharadas de vinagre de vino o de arroz**
> **2 cucharaditas de salsa de soja reducida en sal**
> **2 cucharaditas de aceite de oliva extra virgen**
> **gotas de aceite de ajonjolí (opcional)**

preparación

1. Cortar el daikon y la zanahoria en tiras largas y delgadas, empleando un cuchillo filoso, un rallador japonés u otro utensilio para obtener hebras. Colocarlos en un bol grande. Agregar las coles, las cebollas de rabo, los comelotodos, la espinaca, las pasas de uva y las almendras. Revolver bien.

2. Para el aliño, colocar las semillas de ajonjolí en una cacerolita a fuego mediano. Cocinar, agitando el recipiente con frecuencia, 2-3 minutos o hasta que las semillas estén tostadas. Incorporar, revolviendo, el jengibre, el mirin, el vinagre, la salsa de soja y los aceites de oliva y de ajonjolí. Retirar del fuego, verter enseguida sobre la ensalada y mezclar.

....
6 porciones

Contenido por porción

Calorías: 173
Carbohidratos: 14 g
Grasas totales: 10 g - Grasas saturadas: 1 g
Sodio: 15 mg
Fibra: 1,5 g

datos útiles

Esta ensalada es rica en antioxidantes, magnesio, selenio, hierro, calcio, betacarotenos, vitamina E y ácido fólico. El daikon, las semillas de sésamo y las almendras son alimentos altamente energizantes.

ensalada
de lechuga y peras

■□□ | Tiempo de cocción: 0 minuto - Tiempo de preparación: 15 minutos

preparación

1. Para hacer el aliño, colocar todos los ingredientes en la licuadora y formar un puré.

2. Cortar las peras en 8 gajos. Colocar en un bol. Agregar el jugo de limón y agitar para que se cubran (ayuda a impedir que las peras se oscurezcan).

3. Disponer la lechuga sobre una fuente. Ubicar encima las peras y rociar con el aliño. Esparcir por arriba las nueces y el requesón.

4 porciones

Contenido por porción

Calorías: 134

Carbohidratos: 20 g

Grasas totales: 6 g - Grasas saturadas: 0,8 g

Sodio: 14 mg

Fibra: 2,6 g

ingredientes

> **2 peras maduras firmes, sin semillas**
> jugo de limón
> **1 lechuga morada (hoja de roble, coral o mignonette), las hojas separadas**
> **1/3 taza de nueces en mitades**
> **2 cucharadas de requesón bajo en grasas, desmenuzado**

aliño oscuro de peras

> **1 pera en lata, o fresca y blanqueada, con 1 cucharada de líquido**
> **2 cucharadas de vinagre de vino tinto o balsámico**
> **1 cucharadita de pimienta negra recién molida**

datos útiles

El consumo diario de 3 nueces crudas disminuye el riesgo de sufrir enfermedades cardiovasculares.

strata de arroz
con vegetales

■■□ | Tiempo de cocción: 50 minutos - Tiempo de preparación: 15 minutos

ingredientes

> **2 tazas de vegetales surtidos (calabacita, brócoli, hongos) rebanados finos**
> **3/4 taza de queso feta reducido en grasas y en sal, desmenuzado**
> **1 taza de arroz mezcla (salvaje e integral), cocido (unas 2 1/2 tazas de arroz cocido)**
> **2 cucharadas de hierbas frescas picadas (perejil, albahaca, cebollín, cilantro)**
> **1/4 taza de leche baja en grasas**
> **1 huevo**
> **2 claras**
> **1 cucharadita de nuez moscada molida**
> **1 cucharadita de orégano seco**
> **pimienta negra recién molida**
> **2 cucharadas de semillas de calabaza**

preparación

1. Precalentar el horno a 190ºC/370ºF/Gas 5. Untar o pulverizar ligeramente con aceite insaturado una tartera o molde para quiche de 25 cm/10 in de diámetro.

2. Cocinar los vegetales al vapor hasta que estén tiernos pero crujientes. Colocarlos en un bol. Dejar entibiar. Agregar la mitad del queso y revolver bien. En otro bol unir el arroz, las hierbas y el queso restante.

3. Ubicar la mezcla de arroz en el molde preparado, presionando para cubrir el fondo. Disponer encima los vegetales.

4. Colocar en un bol la leche, el huevo, las claras, la nuez moscada, el orégano y pimienta negra a gusto. Agitar con batidor. Verter delicadamente sobre los vegetales. Esparcir las semillas de calabaza.

5. Hornear 40-45 minutos, hasta que la strata esté dorada y firme. Es deliciosa tanto caliente como tibia, con una ensalada de hojas verdes.

8 porciones

datos útiles

Las semillas de calabaza contienen manganeso y zinc, dos minerales que mejoran el funcionamiento del páncreas y la síntesis de insulina.

Contenido por porción
Calorías: 159
Carbohidratos: 25 g
Grasas totales: 4 g - Grasas saturadas: 2 g
Sodio: 80 mg
Fibra: 0,5 g

ensalada
triple

■□□ | Tiempo de cocción: 15 minutos - Tiempo de preparación: 15 minutos

preparación

1. Enjuagar muy bien la quinoa bajo el agua corriente. Escurrir bien. Colocar 2 tazas de agua en una cacerolita y llevar a hervor. Agregar la quinoa, revolviendo. Bajar el fuego y tapar. Cocinar a fuego lento 10-15 minutos, hasta que se absorba el agua y la quinoa se vea transparente. Escurrir y dejar enfriar.
2. Para el aliño, colocar todos los ingredientes en un frasco con tapa. Agitar bien para mezclar. Reservar.
3. Colocar en un bol la quinoa preparada, el maíz, los frijoles y los demás ingredientes. Verter encima el aderezo, revolver y servir.

4 porciones

Contenido por porción
Calorías: 279
Carbohidratos: 51,5 g
Grasas totales: 3,2 g - Grasas saturadas: 0,8 g
Sodio: 130 mg
Fibra: 5,6 g

ingredientes

> 1 taza de quinoa
> 1 taza de granos de maíz dulce, frescos o congelados, sin sal agregada
> 1 taza de frijoles negros cocidos o en lata
> 2 pimientos rojos, asados, pelados y en daditos
> $1/2$ taza de rábano blanco o morado en daditos
> $1/2$ taza de cilantro fresco picado
> 1 cucharada de chile fresco finamente picado
> 1 cebolla de rabo, picada

aliño de lima

> 1 cucharadita de cáscara de lima rallada
> $1/2$ cucharadita de azúcar morena
> 2 cucharadas de jugo de lima
> 2 cucharadas de vinagre de frambuesas
> 2 cucharaditas de aceite insaturado
> 2 cucharaditas de pasta de rábano picante
> un chorrito de salsa tabasco

datos útiles

La quinoa, alimento de origen incaico, es un grano de atractiva textura crujiente y sabor delicado; es muy rico en proteínas, fibras, calcio y fósforo. Constituye un excelente complemento en una dieta baja en carnes. Se consigue en tiendas de alimentos dietéticos, delicatessen y supermercados.

nachos
con frijoles blancos

■□□ | Tiempo de cocción: 20 minutos - Tiempo de preparación: 15 minutos

ingredientes

> **2 cucharaditas de aceite de oliva extra virgen**
> **^{1}/2 zanahoria, en daditos**
> **2 cebollas de rabo, finamente picadas**
> **1 diente de ajo, machacado**
> **1 cucharadita de comino molido**
> **1 cucharadita de coriandro molido**
> **440 g/14 oz de frijoles blancos (cannellini o lima) en lata, lavados y escurridos**
> **^{1}/2 taza de caldo de pollo bajo en sal**
> **1 cucharada de jugo de limón**
> **3 cucharadas de cilantro fresco picado**
> **^{1}/2 taza de salsa para tacos sin sal agregada**
> **hojuelas de cereal caseras, hechas con 4 tortillas de maíz o de trigo**

preparación

1.Calentar el aceite en una sartén antiadherente a fuego mediano y cocinar la zanahoria, las cebollas y el ajo, revolviendo, 2-3 minutos o hasta que estén tiernos. Añadir el comino y el coriandro y revolver. Cocinar 1 minuto más o hasta que despidan aroma.

2.Agregar los frijoles y el caldo. Llevar a hervor suave. Cocinar a fuego lento 10 minutos; de tanto en tanto revolver y pisar los frijoles, hasta que la mezcla se reduzca y espese. Si toma demasiada consistencia, añadir una pequeña cantidad de caldo. Incorporar el jugo de limón y el cilantro y revolver.

3.Para servir, disponer la preparación de frijoles y la salsa en dos cuencos separados y presentar sobre una fuente, con las hojuelas de cereal.

....

4 porciones

<u>**Contenido por porción**</u>
Calorías: 292
Carbohidratos: 36 g
Grasas totales: 12,4 g - Grasas saturadas: 2,4 g
Sodio: 554 mg
Fibra: 7 g

datos útiles

Las legumbres aportan abundante cantidad de micronutrientes y fibras que mejoran la salud del intestino y del sistema cardiovascular.

ensalada
de cuscús y frutas

■□□ | Tiempo de cocción: 5 minutos - Tiempo de preparación: 10 minutos

preparación

1. Colocar el jugo de manzanas en una cacerolita a fuego mediano. Llevar a hervor. Incorporar de a poco el cuscús, mientras se revuelve (a). Retirar del fuego. Tapar y dejar entibiar. Airear con un tenedor.

2. Agregar al cuscús el pimiento, el perejil, la menta y las pasas de uva (b). Revolver bien. Colocar la preparación en un cuenco para servir. Esparcir las rebanadas de naranja y de cebolla.

3. Para el aliño, colocar en una cacerolita los jugos de naranja y de limón y el aceite. Calentar a fuego suave, sin que hierva. Rociar sobre la ensalada. Esparcir las almendras por encima.

6 porciones

Contenido por porción
Calorías: 224
Carbohidratos: 38 g
Grasas totales: 7 g - **Grasas saturadas:** 0,6 g
Sodio: 5,5 mg
Fibra: 1,3 g

ingredientes

> **1 taza de jugo de manzanas sin azúcar agregada**
> **1 taza de cuscús**
> **1/2 pimiento rojo, en daditos**
> **4 cucharadas de perejil fresco picado**
> **3 cucharadas de menta fresca picada**
> **2 cucharadas de pasas de uva**
> **2 naranjas, peladas, en mitades y finamente rebanadas**
> **1 cebolla colorada pequeña, rebanada**
> **1/3 taza de almendras fileteadas**

aliño cítrico tibio

> jugo de 1 naranja
> jugo de 1 limón o lima
> **2 cucharaditas de aceite de oliva o de avellanas**

datos útiles

Las almendras son ricas en ácidos grasos monoinsaturados, que mejoran la salud del hígado y disminuyen el colesterol. Como además contienen magnesio, aumentan el nivel de energía.

a

b

agnolotti
de calabaza con pesto

■■■ | Tiempo de cocción: 15 minutos - Tiempo de preparación: 35 minutos

ingredientes

agnolotti de calabaza y requesón

> **2 tazas de calabaza rallada, cocida por hervido o en microondas**
> **$1/2$ taza de requesón reducido en grasas**
> **1 cucharada de queso parmesano rallado**
> **1 cucharadita de orégano fresco picado, 1 de comino molido y 1 de jengibre fresco rallado**
> **pimienta negra recién molida**
> **1 clara, apenas batida**
> **30 discos de masa para wonton**

pesto de rúcula

> **1 atado de rúcula, las hojas picadas (aprox. 2 tazas)**
> **4 cucharadas de menta fresca picada**
> **$1/4$ taza de almendras tostadas**
> **1 cucharada de requesón reducido en grasas**
> **1 cucharada de mostaza de Dijón**
> **2 cucharadas de vinagre de vino tinto**

preparación

1. Para los agnolotti, mezclar en un bol la calabaza, el requesón, el parmesano, las especias y la clara. Sobre una superficie limpia y seca, disponer varios discos de masa; mantener los restantes cubiertos con un repasador húmedo. Colocar 1 cucharada de relleno en el centro de cada disco, dejando libre 1 cm/$1/2$ in alrededor. Humedecer los bordes de la masa, doblar por la mitad y sellar con pellizcos. Ubicar los agnolotti en un recipiente hermético forrado con papel encerado y refrigerar por lo menos 1 hora.

2. Para el pesto, procesar todos los ingredientes hasta lograr una pasta gruesa. Pasar a un bol, tapar y reservar.

3. Hervir agua en una olla grande. Cocinar los agnolotti, de a 5-6 por vez, 3 minutos o hasta que suban a la superficie. Retirarlos con una espátula y colocarlos en los platos. Coronar con una cucharada de pesto.

....
4 porciones

Contenido por porción
Calorías: 405
Carbohidratos: 62 g
Grasas totales: 10 g - Grasas saturadas: 3 g
Sodio: 431 mg
Fibra: 1,6 g

datos útiles

El comino, el orégano, el jengibre y la menta, además de brindar sus exquisitos aromas y sabores, otorgan a la preparación sus propiedades antisépticas, estimulan los jugos gástricos y facilitan la digestión.

penne
con ratatouille al horno

■■■ | Tiempo de cocción: 20 minutos - Tiempo de preparación: 25 minutos

preparación

1. Precalentar el horno a 180ºC/360ºF/Gas 4.
Untar o pulverizar ligeramente con aceite
insaturado una cazuela profunda.
Colocar los fideos en el fondo.

2. Colocar los cubos de berenjena y de calabacita
en un colador apoyado sobre un bol.
Espolvorear con sal y dejar reposar
15-20 minutos. Enjuagar bajo el agua
corriente; escurrir y secar con papel absorbente.

3. Calentar el aceite en una sartén antiadherente
grande, a fuego medio. Cocinar la cebolla
y los pimientos, revolviendo, 2-3 minutos,
hasta que empiecen a ablandarse. Agregar
la berenjena y las calabacitas y cocinar
2-3 minutos. Retirar de la sartén y reservar.

4. Colocar en la sartén los tomates, el ajo
y el tomillo. Cocinar hasta que los tomates
comiencen a deshacerse. Añadir de nuevo
las hortalizas y mezclar bien. Verter sobre
los fideos, presionando para intercalarlos
en la pasta. Cubrir los vegetales
con cucharadas de requesón y esparcir la
albahaca por encima. Hornear 5-10 minutos,
hasta que el requesón comience a dorarse.

6 porciones

ingredientes

> 3 tazas de penne
u otros fideos cortos
a elección, cocidos
> 1 berenjena, en cubos
de 3 cm/1¼ in
> 2 calabacitas grandes,
en cubos de 3 cm/1¼ in
> 2 cucharadas de aceite
de oliva extra virgen
> 1 cebolla, picada
> 1 pimiento rojo,
en cubos de 3 cm/
1¼ in
> 1 pimiento verde,
en cubos de 3 cm/1¼ in
> 5 tomates italianos,
en cubos, o 12 tomates
cherry, en mitades
> 2 dientes de ajo,
machacados
> 1 cucharadita de
tomillo fresco picado
o ½ cucharadita
de tomillo seco
> ½ taza de requesón
reducido en grasa
> 2 cucharadas
de albahaca finamente
picada

datos útiles

*Se aconseja consumir
pastas y cereales
integrales pues
aportan fibras,
minerales y vitaminas
y colaboran para
mantener más baja
y estable la glucemia.*

Contenido por porción
Calorías: 186
Carbohidratos: 29
Grasas totales: 4,7 g - Grasas saturadas: 1,2 g
Sodio: 50 mg
Fibra: 1,6 g

tofu
con ajonjolí y soba

■■■ | Tiempo de cocción: 10 minutos - Tiempo de preparación: 20 minutos

ingredientes

> **1 cucharadita de aceite de ajonjolí**
> **2 cucharadas de salsa teriyaki**
> **410 g/13 oz de tofu firme, en 4 rebanadas gruesas**
> **2 cucharadas de semillas de ajonjolí**
> **1 cucharada de mirin**
> **2 cucharaditas de salsa de soja reducida en sal**
> **1 cucharada de aceite de oliva extra virgen**
> **1 zanahoria, en bastoncitos**
> **16 comelotodos o judías cordón**
> **1 taza de brotes de soja**
> **2 cebollas de rabo, la parte blanca en varitas de 5 cm/2 in y la verde en juliana**
> **250 g/8 oz de fideos soba, cocidos según las instrucciones del envase**
> **2 tazas de berro, en ramitos**

preparación

1. Calentar una sartén o plancha grande a temperatura muy alta. Mezclar el aceite de ajonjolí con 1 cucharada de salsa teriyaki y pintar las dos caras de las rebanadas de tofu. Esparcir sobre una cara la mitad de las semillas de ajonjolí. Mezclar la salsa teriyaki restante, el mirin y la salsa de soja; reservar.

2. Pincelar la sartén o plancha con aceite de oliva. Colocar el tofu, con las semillas hacia abajo, y cocinar 2 minutos; esparcir encima las semillas restantes. Dar vuelta, cocinar 2 minutos más, retirar y mantener caliente.

3. Pincelar la sartén con un poco más de aceite. Colocar la zanahoria, los comelotodos, los brotes de soja y la parte blanca de las cebollas de rabo. Saltear 2-3 minutos, hasta que estén tiernos pero crujientes. Verter la mezcla de salsas reservada. Saltear 1 minuto.

4. Para servir, distribuir los fideos calientes en cuencos. Cubrir con el berro, colocar cucharadas del salteado de vegetales y terminar con el tofu. Decorar con la parte verde de las cebollas de rabo.

datos útiles

El tofu (queso de soja) contiene fitoestrógenos, sustancias que disminuyen el colesterol, la pérdida de calcio del hueso y el riesgo de algunos tipos de cáncer, y mejoran los síntomas de la menopausia.

....
4 porciones

Contenido por porción
Calorías: 409
Carbohidratos: 59 g
Grasas totales: 12 g - Grasas saturadas: 1,7 g
Sodio: 205 mg
Fibra: 2 g

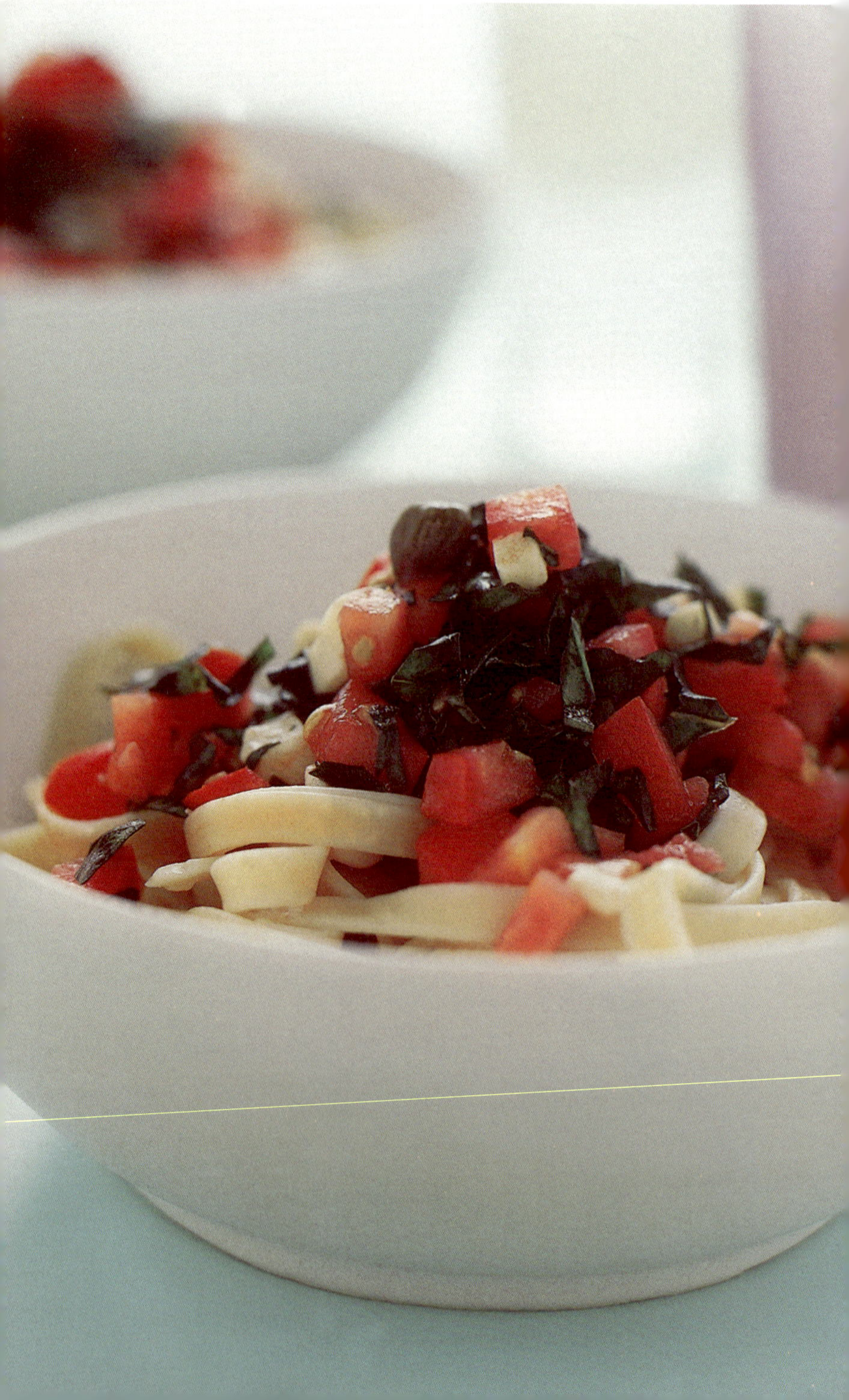

fettuccine
caprese

■□□ | Tiempo de cocción: 10 minutos - Tiempo de preparación: 10 minutos

preparación

1. Cocinar la pasta en una olla grande
con agua hirviente, siguiendo
las instrucciones del envase.

2. Colocar en un bol los tomates, la albahaca,
la mozzarella, las alcaparras, el aceite
y el vinagre. Revolver bien. Agregar esta
preparación a la pasta caliente. Mezclar.

3. Para servir, distribuir en cuencos
precalentados. Esparcir un poco de queso
parmesano y pimienta negra a gusto.
Acompañar con ensalada de hojas verdes.

....
4 porciones

Contenido por porción

Calorías: 530

Carbohidratos: 97 g

Grasas totales: 7 g - Grasas saturadas: 2,5

Sodio: 249 mg

Fibra: 4,3 g

ingredientes

> 500 g/1 lb de fettuccine,
linguini o pappardelle
> 4 tomates italianos,
en daditos
> 2 tazas de hojas
de albahaca fresca,
en fina juliana
> $1/3$ taza de mozzarella
o bocconcini reducidos
en grasas, en daditos
> 1 cucharada de
alcaparras, lavadas
y escurridas
> 1 cucharada de aceite
de oliva extra virgen
> 1 cucharada de vinagre
de vino tinto o balsámico
> virutas de queso
parmesano fresco
(opcional)
> pimienta negra recién
molida

datos útiles

*Los fideos de harina integral aportan mayor
cantidad de fibras, vitaminas y minerales,
que mejoran la tolerancia a la glucosa.
La manera más simple, rápida y fácil
de preparar pastas es agregar una salsa fresca
y fría a la pasta caliente y mezclar bien.
Esta receta, basada en un platillo clásico
de la hermosa isla italiana de Capri,
es de las mejores.*

pulpo a la barbacoa con papas

■■□ | Tiempo de cocción: 10 minutos - Tiempo de preparación: 20 minutos

ingredientes

> 500 g/1 lb de pulpitos, limpios
> rúcula u hojas verdes surtidas
> 500 g/1 lb de papas rosadas, hervidas, en trozos del tamaño de un bocado
> 2 pepinos libaneses, picados
> 2 cebollas de rabo, finamente rebanadas

marinada de lima y chile

> 2 cucharadas de aceite de oliva extra virgen
> jugo de 1 lima o limón
> 1 chile rojo fresco, en daditos
> 1 diente de ajo, machacado

concassé de tomate

> 4 tomates italianos, en daditos
> 1/2 taza de cilantro fresco picado
> 1/2 cebolla morada, en daditos
> 1/3 taza de vinagre de jerez o balsámico
> 1 cucharada de aceite de oliva extra virgen
> 1 cucharada de jugo de limón
> pimienta negra recién molida

preparación

1. Para la marinada, combinar todos los ingredientes. Cortar los pulpitos en mitades, a lo largo; añadir a la marinada. Dejar en el refrigerador una noche o por lo menos 2 horas.
2. Para el concassé, colocar todos los ingredientes en un bol. Mezclar bien para unir.
3. Precalentar la barbacoa o plancha a temperatura muy alta. Tapizar una fuente con hojas de rúcula. Disponer encima las papas, los pepinos y las cebollas. Escurrir el pulpo. Cocinarlo en la barbacoa o plancha, dándolo vuelta con frecuencia, 3-5 minutos o hasta que los tentáculos se arqueen.
4. Para servir, disponer el pulpo caliente sobre la ensalada. Cubrir con el concassé.

6 porciones

Contenido por porción

Calorías: 210
Carbohidratos: 24 g
Grasas totales: 6 g - Grasas saturadas: 0,85 g
Sodio: 230 mg
Fibra: 1,2 g

datos útiles

El aceite de oliva disminuye el colesterol y, junto con el limón, mejoran la función hepática.
Cuide de no excederse en el tiempo de cocción del pulpo, pues se endurecería.

caballa en jugo cítrico y vino

■□□ | Tiempo de cocción: 15 minutos - Tiempo de preparación: 15 minutos

preparación

1. En una sartén antiadherente profunda colocar el pimiento, las cebollas de rabo, el jengibre y el aceite. Cocinar a fuego medio, revolviendo, 1-2 minutos o hasta que el pimiento esté tierno. Agregar la cáscara de naranja, el vino, los jugos de naranja y de limón y la salsa de soja. Llevar a hervor.

2. Bajar la llama. Incorporar los filetes, sin encimarlos. Tapar y cocinar 5 minutos o hasta que el pescado apenas comience a desarmarse al probar con un tenedor. Con una espátula, retirar el pescado y colocarlo sobre una fuente. Tapar con papel de aluminio y mantener caliente en horno suave.

3. Agregar el cilantro y pimienta negra a gusto al líquido de la sartén. Llevar a ebullición y hervir hasta que se reduzca y tome consistencia de salsa.

4. Presentar el pescado con la salsa y acompañar con verduras de hoja a elección cocidas al vapor, o con una ensalada de hojas verdes.

4 porciones

Contenido por porción

Calorías: 240

Carbohidratos: 8 g

Grasas totales: 8 g - Grasas saturadas: 2 g

Sodio: 140 mg

Fibra: 0,7 g

ingredientes

> **1 pimiento rojo,** en daditos pequeños
> **2 cebollas de rabo,** rebanadas
> **1 trozo de 2 cm/ 3/4 in** de jengibre fresco, rebanado fino
> **1 cucharadita de aceite de oliva extra virgen**
> **1 cucharadita de cáscara de naranja rallada**
> **1/2 taza de vino blanco seco**
> **1/3 taza de jugo de naranja**
> **2 cucharadas de jugo de limón**
> **1 cucharadita de salsa de soja reducida en sal**
> **4 filetes de caballa de 150 g/5 oz cada uno**
> **2 cucharadas de cilantro fresco picado**
> **pimienta negra recién molida**

datos útiles

La caballa, al igual que el salmón, es rica en ácidos grasos omega-3. Resulta, por lo tanto, un pescado muy recomendable para la salud del corazón y las arterias.

pescado
con lima y limón

■□□ | Tiempo de cocción: 10 minutos - Tiempo de preparación: 15 minutos

ingredientes

> **2 cebollas de rabo,**
> **finamente rebanadas**
> **al sesgo**
> **2 cucharadas de cilantro**
> **fresco picado**
> **2 cucharaditas**
> **de jengibre fresco rallado**
> **1 cucharadita de hierba**
> **limón molida,**
> **o rebanadas envasadas**
> **1 chile rojo fresco,**
> **finamente picado**
> **2 cucharadas de jugo**
> **de lima**
> **2 cucharadas de mirin**
> **1 cucharada de salsa**
> **de pescado**
> **1 cucharadita de salsa**
> **de soja reducida en sal**
> **2 hojas de lima kaffir**
> **(opcional)**
> **500 g/1 lb de filetes**
> **de pescado blanco**
> **de carne firme**

preparación

1. Colocar en una cazuela profunda todos los ingredientes, menos el pescado. Mezclar bien para obtener la marinada. Agregar los filetes y cubrirlos con la marinada. Tapar el recipiente. Dejar reposar en el refrigerador 1 hora.
1. Precalentar el horno a 190°C/370°F/Gas 5. Hornear la cazuela 10 minutos, o hasta que la carne del pescado apenas se desarme al probar con un tenedor.
1. Servir con comelotodos al vapor u otras verduras orientales a elección.

....

4 porciones

Contenido por porción
Calorías: 230
Carbohidratos: 5 g
Grasas totales: 10 g - Grasas saturadas: 2,7 g
Sodio: 140 mg
Fibra: 0,5 g

datos útiles

Para hacer este plato más saludable, puede elegir pescados ricos en ácidos grasos omega-3 como la caballa, la sardina, el salmón, la anchoa (pescados de mar de aguas profundas).
Las hojas de lima kaffir suelen conseguirse secas. Poseen una intensa fragancia, y se emplean en la cocina del sudeste asiático. Más que sumar sabor, la lima kaffir otorga un aura a la comida; suele ser el secreto que esconden los platillos clásicos tailandeses.

barbacoa
de frutos del mar

■■□ | Tiempo de cocción: 10 minutos - Tiempo de preparación: 20 minutos

preparación

1. Colocar en un bol el jugo de limón
   y el aceite. Unir con batidor. Agregar
   el pescado blanco, el salmón y los mariscos.
   Revolver, tapar y refrigerar 1 hora.
2. Para la vinagreta, colocar todos
   los ingredientes en un frasco con tapa.
   Agitar bien para mezclar. Reservar.
3. Precalentar la barbacoa o plancha
   a temperatura muy alta. Tapizar una fuente
   con el berro. Escurrir los pescados
   y mariscos; colocarlos en la barbacoa
   o plancha junto con la cebolla. Cocinar,
   dando vuelta varias veces, 6-8 minutos
   o hasta que el pescado y los mariscos estén
   a punto (si se cocinan de más se secan
   y endurecen).
4. Colocar los pescados y mariscos en un bol
   y añadir el pepino y la vinagreta. Revolver
   bien. Disponer sobre el berro y servir.

8 porciones

Contenido por porción

Calorías: 211

Carbohidratos: 3 g

Grasas totales: 9 g - Grasas saturadas: 1,6 g

Sodio: 121 mg

Fibra: 0,5 g

datos útiles

*Es importante no sobrecocinar el pescado,
para proteger la calidad de los ácidos
grasos omega-3.*

ingredientes

> 2 cucharadas de jugo
  de limón
> 1 cucharada de aceite
  de oliva extra virgen
> 300 g/10 oz de pescado
  blanco firme, en cubos
  de 3 cm/1 1/4 in
> 300 g/10 oz de salmón
> 12 ostiones
> 12 langostinos crudos
> 1 tubo de calamar, limpio
  y en anillos
> 1 atado de berro,
  en ramitos
> 1 cebolla morada grande,
  en aros
> 1 pepino, finamente
  rebanado

vinagreta de estragón

> 3 cucharadas de estragón
  fresco picado
> 2 cucharadas de vinagre
  de vino tinto
> 2 cucharadas de jugo
  de limón
> 1 cucharada de aceite
  de oliva extra virgen
> pimienta negra

salmón
con salsa de piña

■□ □ | Tiempo de cocción: 10 minutos - Tiempo de preparación: 10 minutos

preparación

1.Precalentar la barbacoa a temperatura
media. Colocar el salmón sobre la parrilla
ligeramente aceitada y cocinar 3-5 minutos
de cada lado, hasta que se desarme al
probar con un tenedor.

2.Para la salsa, colocar en el procesador
o licuadora todos los ingredientes. Procesar
para integrar bien. Servir a temperatura
ambiente con las postas de salmón.

4 porciones

Contenido por porción
Calorías: 373
Carbohidratos: 10,5 g
Grasas totales: 20 g - **Grasas saturadas:** 4,4 g
Sodio: 81 mg
Fibra: 1 g

ingredientes

> **4 postas de salmón
de 2,5 cm/1 in
de espesor**

salsa de piña
> **160 g/5^1/2 oz de piña
fresca, groseramente
picada**
> **2 cebollas de rabo,
finamente picadas**
> **1 chile rojo fresco,
sin semillas
y finamente picado**
> **1 cucharada de jugo
de limón**
> **2 cucharadas de menta
fresca finamente
picada**

datos útiles

*El salmón constituye un excelente alimento
para la salud del sistema cardiovascular;
es muy rico en ácidos grasos omega-3,
que mantienen la flexibilidad de las arterias
y disminuyen el colesterol y los triglicéridos.
En caso de no disponer de piña fresca, emplee
piña en lata sin azúcar agregada.
Esta salsa es deliciosa para acompañar
pescado o pollo a la barbacoa.*

pollo
del viñedo

■■□| Tiempo de cocción: 35 minutos - Tiempo de preparación: 20 minutos

ingredientes

> **4 pechugas de pollo deshuesadas o filetes de muslo**
> **2 cucharaditas de aceite insaturado**
> **2 cebollas, rebanadas**
> **2 dientes de ajo, machacados**
> **440 g/14 oz de tomates maduros, triturados**
> **1 pimiento verde, picado**
> **1 taza de vino blanco seco**

relleno de requesón

> **125 g/4 oz de requesón reducido en grasas, escurrido**
> **2 cucharadas de albahaca fresca picada**
> **pimienta negra recién molida**

preparación

1. Practicar un corte profundo en el costado de cada filete, para formar un sobre (a).
2. Para hacer el relleno, colocar en un bol todos los ingredientes y mezclar bien para unir (b). Rellenar los sobres de pollo (c) y asegurar con palillos.
3. Calentar el aceite en una sartén grande y cocinar las cebollas y el ajo, mientras se revuelve, 3 minutos o hasta que las cebollas estén tiernas. Agregar los tomates, el pimiento y el vino. Cocinar, revolviendo, 2 minutos.
4. Colocar el pollo en la sartén (d) y tapar. Cocinar a fuego bajo, dando vuelta de tanto en tanto, 30 minutos o hasta que el pollo esté tierno.

....
4 porciones

Contenido por porción
Calorías: 306
Carbohidratos: 36 g
Grasas totales: 10 g - Grasas saturadas: 2 g
Sodio: 151 mg
Fibra: 1,7 g

datos útiles

Las cebollas disminuyen la glucemia y estimulan la diuresis.
Esta receta se puede preparar hasta el final del paso 2 con varias horas de anticipación.

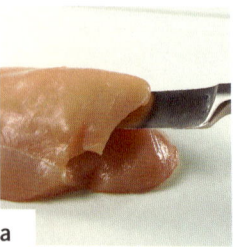

a

b

c

d

pollo
asado al estragón

■□□ | Tiempo de cocción: 10 minutos - Tiempo de preparación: 10 minutos

preparación

1. Ubicar las pechugas, sin encimarlas,
en una fuente poco profunda de vidrio
o de cerámica. Mezclar en un tazón el resto
de los ingredientes y verter sobre el pollo.
Darlo vuelta para que se cubra bien.
Marinar a temperatura ambiente
20 minutos, dándolo vuelta una vez.
2. Retirar el pollo. Cocinarlo en la barbacoa
precalentada, o en una plancha, 5 minutos
de cada lado o hasta que esté tierno.

6 porciones

ingredientes

> 6 pechugas de pollo
deshuesadas, sin piel
> 3 cucharadas
de estragón fresco
picado
o 2 cucharaditas
de estragón seco
> 150 ml/5 fl oz de jugo
de limón
> 2 cucharadas
de cáscara de limón
rallada gruesa
> 1 cucharada de granos
de pimienta verde
en salmuera, escurridos
y triturados

Contenido por porción
Calorías: 188
Carbohidratos: -
Grasas totales: 3 g - Grasas saturadas: 0,7 g
Sodio: 91 mg
Fibra: -

datos útiles

*La pechuga del pollo es magra; tiene un bajo
contenido de grasas (aproximadamente
2 g cada 100 g) y su carne es de fácil
disgregación, por lo cual constituye un plato
liviano. No marine las pechugas más
de 20 minutos, ya que comenzarían
a desarmarse. También se pueden cocinar
en el grill del horno precalentado.*

ensalada
tropical de pollo

■□□ | Tiempo de cocción: 10 minutos - Tiempo de preparación: 15 minutos

ingredientes

> 2 pechugas de pollo grandes, deshuesadas y sin piel
> 1 pepino libanés, en daditos
> 1 taza de piña fresca o en lata sin azúcar agregada, en daditos
> 1/4 taza de nueces
> 2 cebollas de rabo, rebanadas al sesgo
> 2 cucharadas de cilantro fresco picado
> 2 cucharadas de menta fresca picada

aliño de chile y lima

> 1 chile rojo fresco, finamente rebanado
> cáscara de 1 lima finamente rallada
> jugo de 2 limas
> 1 cucharada de salsa de pescado
> 1 cucharada de vinagre de arroz o de vino
> 1/2 cucharadita de aceite de ajonjolí

preparación

1. Precalentar la barbacoa a temperatura alta.
2. Cocinar el pollo en la parrilla de la barbacoa 4-5 minutos de cada lado, o hasta que esté cocido en su interior. Dejar entibiar. Cortar en tiras delgadas.
3. Colocar el pollo en un bol, junto con el pepino, la piña, las nueces, las cebollas de rabo, el cilantro y la menta. Revolver bien.
4. Para el aliño, colocar todos los ingredientes en un frasco con tapa. Agitar para unir. Rociar sobre la ensalada y revolver. Tapar y refrigerar por lo menos 15 minutos antes de servir, para que se concentren los sabores.

....
4 porciones

Contenido por porción
Calorías: 200
Carbohidratos: 13 g
Grasas totales: 8 g - Grasas saturadas: 1.2 g
Sodio: 57 mg
Fibra: 1 g

datos útiles

La piña fresca es muy rica en enzimas, por lo que mejora y facilita el trabajo digestivo. Si dispone de poco tiempo, para esta ensalada puede comprar el pollo cocido, siempre y cuando lo adquiera en un lugar donde no lo unten con materia grasa antes ni durante la cocción. Muchas tiendas ofrecen pollo cocido sin piel.

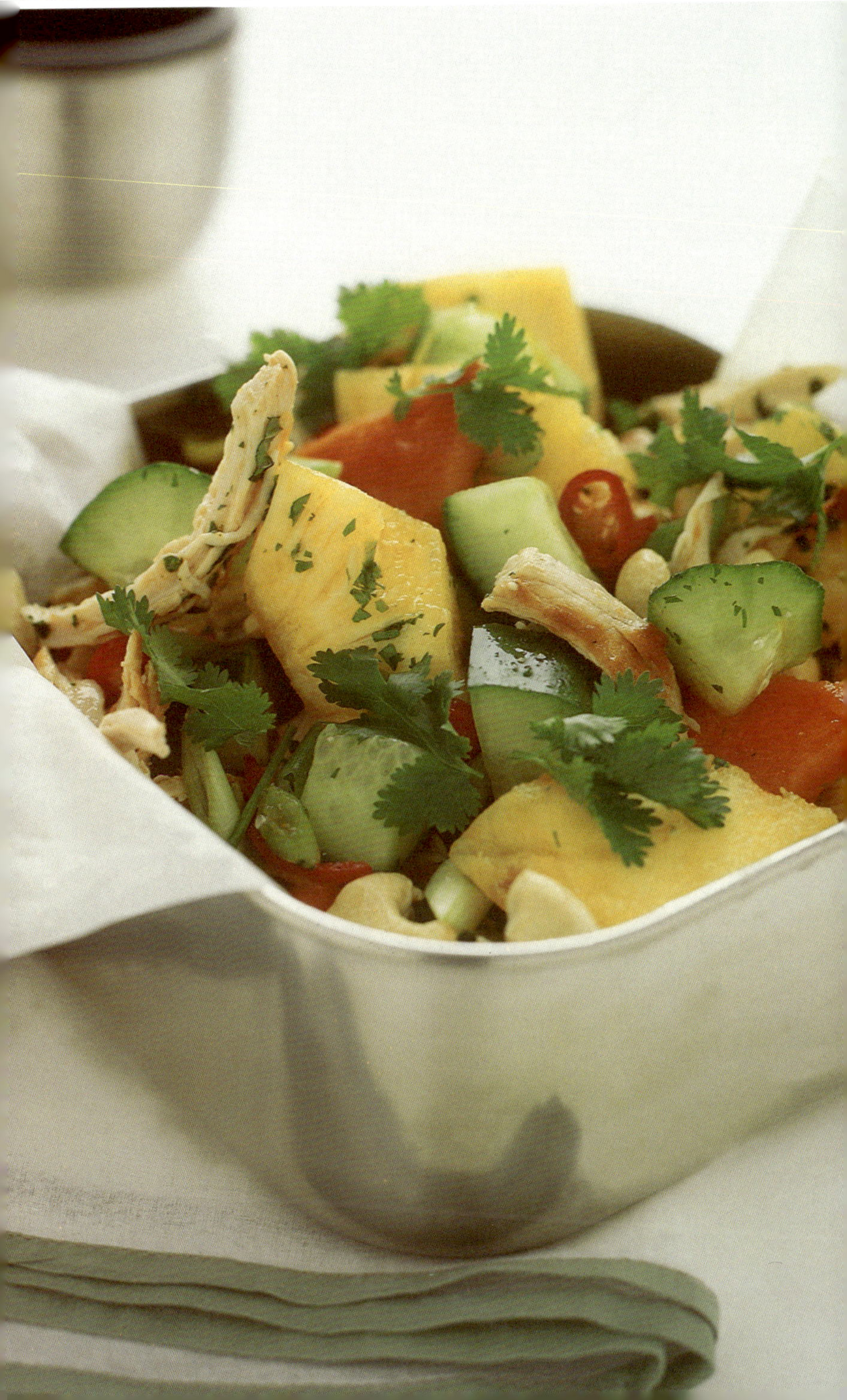

cerdo
con pesto de cilantro

■ ■ □ | Tiempo de cocción: 10 minutos - Tiempo de preparación: 20 minutos

preparación

1. En una fuente poco profunda, mezclar la cáscara rallada, el jugo y la salsa Worcestershire. Incorporar el cerdo y dar vuelta para que se impregne. Tapar y dejar reposar en el refrigerador 10-15 minutos.
2. Para hacer el pesto, colocar todos los ingredientes en el procesador o licuadora. Procesar hasta obtener una pasta gruesa.
3. Calentar una plancha o la barbacoa a temperatura muy alta. Cocinar el cerdo 3-4 minutos de cada lado, hasta que esté a punto.
4. Presentar el cerdo cubierto con una cucharada de pesto. Acompañar con una ensalada de tomates frescos y pepino.

4 porciones

Contenido por porción

Calorías: 318
Carbohidratos: 6 g
Grasas totales: 16 g - Grasas saturadas: 3,4 g
Sodio: 105 mg
Fibra: 1,1 g

ingredientes

> 1 cucharadita de cáscara de lima o de limón rallada
> 2 cucharadas de jugo de lima o de piña
> 2 cucharaditas de salsa Worcestershire sin sal agregada
> 4 bistecs de pierna de cerdo de 125 g/4 oz cada uno, desgrasados

pesto de cilantro

> 1 taza de cilantro fresco picado
> 1/3 taza de castañas de Cajú
> 2 chiles frescos
> 1 cucharadita de coriandro molido
> 2 cucharadas de vinagre de vino blanco
> 1 cucharada de jugo de lima
> 1 cucharada de aceite insaturado
> 1 cucharada yogur natural bajo en grasas

datos útiles

La mejor guarnición para carnes, pollos y pescados es la verdura, preferentemente cruda o, de no tolerarse, cocida.
De esta manera se facilita el trabajo del hígado y páncreas, y mejora la digestión.

medallones
de cerdo con frutas

■□□ | Tiempo de cocción: 20 minutos - Tiempo de preparación: 15 minutos

ingredientes

> 1 manzana roja, en daditos
> 1 pera, en daditos
> 1/2 taza de vino blanco seco
> 1/2 taza de caldo de pollo bajo en sal
> 60 g/2 oz de frutas desecadas a elección (combinar colores: albaricoques, duraznos, peras, ciruelas)
> 1 cucharadita de canela molida
> 1 cucharada de aceite de oliva extra virgen
> 500 g/1 lb de solomillo magro de cerdo, desgrasado, en medallones de 5 mm/ 1/4 in de espesor
> 1/4 taza de nueces tostadas, picadas

preparación

1. Colocar en una cacerolita la manzana, la pera, el vino y el caldo. Llevar a hervor suave y cocinar hasta ablandar. Incorporar, revolviendo, las frutas desecadas y la canela. Cocinar hasta que las frutas se hinchen. Retirar y dejar entibiar.

2. Calentar el aceite en una sartén antiadherente a fuego fuerte. Cocinar el cerdo, dándolo vuelta varias veces, hasta que se dore en toda la superficie. Retirarlo y verter en la sartén una pequeña cantidad del líquido de cocción de las frutas. Cocinar a fuego mediano, revolviendo continuamente para desglasar los jugos del fondo. Agregar las frutas. Cocinar hasta calentar.

3. Volver a colocar el cerdo en la sartén. Cocinar, revolviendo de tanto en tanto, 4-5 minutos o hasta que esté a punto. Esparcir las nueces por encima. Servir con verduras de hoja a elección.

6 porciones

datos útiles

La grasa de cerdo contiene sólo un 36% de ácidos grasos saturados; el resto son monoinsaturados en su mayoría.

Contenido por porción

Calorías: 370
Carbohidratos: 24 g
Grasas totales: 17 g - Grasas saturadas: 4,2 g
Sodio: 72 mg
Fibra: 1,72 g

ternera
con tomates secos

■□□ | Tiempo de cocción: 40 minutos - Tiempo de preparación: 15 minutos

preparación

1.Empolvar los bistecs con harina. Calentar el aceite en una sartén a fuego fuerte y cocinar el ajo, el prosciutto y el cilantro 2 minutos. Agregar los bistecs y dorarlos de ambos lados.

2.Añadir el caldo y revolver. Llevar a hervor. Bajar la llama y cocinar a fuego lento 30 minutos o hasta que la ternera esté cocida.

3.Retirar la carne y el prosciutto y mantener al calor. Subir el fuego, colocar los tomates en la sartén y revolver. Cocinar hasta que la salsa se reduzca a la mitad. Agregar la albahaca, revolviendo. Salsear los bistecs y cubrir con el prosciutto.

....
4 porciones

ingredientes

> **8 bistecs gruesos de ternera, desgrasados**
> **harina condimentada**
> **1 cucharada de aceite de oliva extra virgen**
> **1 diente de ajo, machacado**
> **6 lonjas de prosciutto magro, picado**
> **2 cucharadas de cilantro o estragón fresco picado**
> **1 taza de caldo de res bajo en sal**
> **16 tomates secos, picados**
> **4 cucharadas de albahaca fresca picada**

Contenido por porción
Calorías: 412
Carbohidratos: 18 g
Grasas totales: 13 g - Grasas saturadas: 4,5 g
Sodio: 425 mg
Fibra: 1 g

datos útiles

Debido al contenido de grasas saturadas de las carnes vacunas, es preferible elegir cortes bien magros, sin grasa visible.

cordero
tandoori

■□□ | Tiempo de cocción: 25 minutos - Tiempo de preparación: 15 minutos

ingredientes

> 1 costillar de cordero con 8 costillas (2 por porción), desgrasado
> 2 ramitas de menta o perejil frescos

marinada tandoori

> 1 cucharada de jengibre fresco rallado
> 2 cucharaditas de semillas de coriandro, tostadas
> 2 cucharaditas de hojas frescas de estragón
> 1 cucharadita de cáscara de limón rallada
> $1/2$ cucharadita de cardamomo molido
> $1/2$ cucharadita de comino molido
> $1/4$ cucharadita de granos de pimienta negra machacados
> $1/4$ cucharadita de chile en polvo
> $1/2$ taza de yogur natural bajo en grasas
> 1 cucharada de jugo de limón

preparación

1. Para la marinada, unir todos los ingredientes en un bol. Ubicar el cordero en una fuente de vidrio o cerámica. Colocar encima cucharadas de la marinada y frotar. Tapar y dejar reposar en el refrigerador 2-4 horas.
2. Precalentar el horno a 250°C/475°F/Gas 9. Frotar el cordero para retirar el exceso de adobo y disponerlo en una rejilla de alambre apoyada sobre un trasto para horno. Verter 2-3 cm/1-1$1/4$ in de agua en el trasto y agregar las ramitas de menta.
3. Cocinar el cordero 12-15 minutos. Dar vuelta. Cocinar 5-10 minutos más o a gusto. Servir con ensalada de hojas verdes.

....
4 porciones

Contenido por porción

Calorías: 280
Carbohidratos: 2 g
Grasas totales: 9 g - Grasas saturadas: 4 g
Sodio: 109 mg
Fibra: -

datos útiles

El perejil fresco es muy rico en antioxidantes, especialmente vitamina C. Tiene acción diurética y es carminativo, por lo que torna más digeribles los alimentos.
La marinada tandoori y el método de preparación se pueden aplicar a pescado entero o pechugas de pollo. Sólo varía el tiempo de cocción.

lasaña de frutas del bosque

■ ■ □ | Tiempo de cocción: 5 minutos - Tiempo de preparación: 20 minutos

preparación

1. Colocar en un bol el requesón, 1 cucharada de edulcorante y la esencia. Batir con batidora eléctrica o procesar hasta que esté ligero y aireado. Tapar y refrigerar hasta el momento de usar.

2. Hervir agua en una olla grande. Cocinar las láminas de lasaña, revolviendo de tanto en tanto, hasta que estén al dente. Escurrir bien.

3. Cortar las láminas en mitades. Colocarlas en una bandeja para horno forrada con papel antiadherente. Si no se va armar el postre en el momento, tapar con un repasador húmedo para que no se sequen. Justo antes de armar, rociar con agua y entibiar en el horno o en microondas para asegurarse de que la masa esté flexible.

4. Colocar un cuadrado de masa en cada plato, precalentado. Untar con requesón y distribuir las frutas. Cubrir con otra lámina de masa. Untar con el resto del requesón. Esparcir por encima las nueces. Servir de inmediato.

ingredientes

> **2 tazas de requesón fresco reducido en grasas**
> **edulcorante artificial**
> **2 cucharaditas de esencia de vainilla**
> **6 láminas gruesas de lasaña**
> **2 tazas de frutas del bosque surtidas, frescas o congeladas y descongeladas (arándanos, frambuesas, moras, fresas)**
> **2 cucharadas de nueces picadas**

4 porciones

Contenido por porción
Calorías: 287
Carbohidratos: 24 g
Grasas totales: 13,5 g - Grasas saturadas: 4,7 g
Sodio: 151 mg
Fibra: 2 g

datos útiles

Los arándanos mejoran la visión y la circulación sanguínea. Asimismo protegen la salud del sistema urinario. En las cantidades adecuadas, son una fruta muy recomendable para las personas con diabetes.

peras
rellenas

■■□ | Tiempo de cocción: 30 minutos - Tiempo de preparación: 20 minutos

ingredientes

> 4 peras, sin semillas, peladas y en mitades
> 2 tazas de vino tinto
> 1 taza de agua
> 2 cucharadas de edulcorante artificial
> 1 rama de canela

relleno de ciruela y requesón

> 1/4 taza de ciruelas secas sin hueso, en mitades
> 2 cucharadas de agua
> 3/4 taza de requesón reducido en grasas
> 1/2 cucharadita de esencia de vainilla
> 1 cucharadita de cáscara de naranja rallada
> 1 cucharada de edulcorante artificial

preparación

1. Para el relleno, colocar en una cacerolita las ciruelas y el agua. Llevar a hervor. Retirar del fuego y dejar entibiar.
2. Colocar en el procesador el requesón, la esencia, la cáscara de naranja y el edulcorante. Procesar hasta que esté ligero y aireado. Agregar en forma envolvente las ciruelas (a), con 1-2 cucharaditas de su jugo. Reservar.
3. Precalentar el horno a 180°C/360°F/Gas 4. Cortar una fina rebanada de un costado de las peras (b), para que se puedan apoyar. Colocar las peras en una sartén profunda, con el hueco del centro hacia arriba.
4. Mezclar el vino, el agua y el edulcorante; verter sobre las peras (c). Añadir la canela. Tapar y llevar a hervor suave. Cocinar a fuego lento 10-15 minutos, hasta que las peras estén apenas tiernas.
5. Con una espumadera, trasladar las peras a un trasto para horno. Repartir el relleno en las cavidades. Hornear 10 minutos o hasta que el relleno esté firme.
6. Llevar a hervor el líquido que quedó en la sartén. Hervir hasta que tome consistencia de glaseado. Servir con las peras.

datos útiles

La canela es una especia con propiedades antibacterianas y antisépticas, por lo cual actúa mejorando la flora intestinal.

4 porciones

Contenido por porción
Calorías: 225
Carbohidratos: 31 g
Grasas totales: 3 g - Grasas saturadas: 1,6 g
Sodio: 109 mg
Fibra: 3 g

a

b

c

budín de pan con duraznos

■□□ | Tiempo de cocción: 45 minutos - Tiempo de preparación: 15 minutos

preparación

1.Precalentar el horno a 180ºC/360ºF/Gas 4.
Untar o pulverizar ligeramente con aceite
insaturado una fuente refractaria grande.

2.Colocar en la fuente los cubos de pan,
los duraznos y las pasas de uva. Mezclar
bien. Distribuir de manera uniforme sobre
el fondo. Rociar con el jugo y reservar.

3.Colocar en un bol las claras, la leche,
la esencia y 1 cucharada de edulcorante.
Unir con batidor y verter sobre el pan.
Espolvorear con la canela.

4.Hornear 35 minutos, hasta que se dore
la superficie. Si es necesario, tapar el
budín y cocinar 10 minutos más o hasta
que esté firme al probar con un cuchillo.

6 porciones

ingredientes

> **4 rebanadas de pan
(de trigo integral
o de avena) de
1,5 cm/ 1/2 in
de espesor, en cubos**
> **1 taza de duraznos,
en daditos**
> **1/2 taza de pasas
de uva**
> **2 cucharadas de jugo
de manzanas sin azúcar
agregada**
> **2 claras**
> **2 tazas de leche baja
en grasas**
> **1 cucharadita
de esencia de vainilla**
> **edulcorante artificial**
> **1 cucharadita
de canela molida**

Contenido por porción
Calorías: 139
Carbohidratos: 23 g
Grasas totales: 1,8 g - Grasas saturadas: 1 g
Sodio: 144 mg
Fibra: 1 g

datos útiles

*La avena (especialmente si es integral) es un
cereal altamente beneficioso en la diabetes.
Por su alto contenido en fibras y en zinc
colabora en la disminución de la glucemia.*

gelatina
estival

■□□ | Tiempo de cocción: 0 minuto - Tiempo de preparación: 15 minutos

ingredientes

> 4 albaricoques, sin hueso, en mitades
> 100 g/3^{1}/$_{2}$ oz de uvas verdes
> 250 g/8 oz de fresas, sin cabitos y en mitades
> 250 g/8 oz de cerezas frescas o en lata sin azúcar agregada, ` sin hueso
> 60 g/2 oz de gelatina disuelta en 125 ml/4 fl oz de agua caliente, entibiada
> 200 ml/7 fl oz de agua
> 900 ml/1^{1}/$_{2}$ pt de jugo de manzanas sin azúcar agregada

preparación

1.Combinar las frutas en un bol. Unir en otro bol la gelatina, el agua y el jugo de manzanas. Verter la cuarta parte de esta mezcla en un molde de 1 litro/1^{3}/$_{4}$ pt de capacidad, ligeramente aceitado. Colocar encima la cuarta parte de las frutas. Refrigerar hasta que la gelatina tome cuerpo.

2.Repetir con el resto de la gelatina y de las frutas. Cuando esté firme, desmoldar. Si se desea, presentar decorado con más frutas.

....

4 porciones

Contenido por porción
Calorías: 61
Carbohidratos: 15 g
Grasas totales: 0,5 g - Grasas saturadas: -
Sodio: 0,7 mg
Fibra: 1,8 g

datos útiles

Las frutas frescas actúan desintoxicando el organismo, y mejoran así el nivel de energía y salud. Prácticamente cualquier fruta sirve para este postre. Se deben evitar la piña, la papaya y el kiwi, que contienen una enzima que impide que la gelatina cuaje.

índice